AF236628

Kommunikationstraining
für Einsteiger

Wie Sie Schritt für Schritt Ihre Kommunikation, Smalltalk und Gesprächsführung verbessern für größere Beliebtheit, mehr Kontakte und neue Freunde

Michael Rösing

INHALT

Das erwartet Sie in diesem Ratgeber

E in gutes Gespräch verbindet. Es gibt viele Situationen, in denen die richtigen Worte Sie an Ihr Ziel bringen können. Bei Vorstellungsgesprächen, Verhandlungen, im Berufsleben allgemein, an der Kasse im Supermarkt oder der einfache Small Talk mit einem Freund; die richtige Kommunikation hilft Ihnen immer weiter. Durch optimale Kommunikationstaktiken können Sie leichter und schneller neue Kontakte knüpfen, Ihre Ziele erreichen oder wichtige Informationen gewinnen.

Allerdings ist es manchmal gar nicht so leicht, ein solches Gespräch zu führen. Kommunikation beinhaltet mehr als nur das gesprochene Wort. Ihre Körpersprache, Gestik, Mimik und Ihre Stimme, ja sogar Ihr Mindset und Ihre innere Gefühlslage spielen eine entscheidende Rolle in einem Gespräch. Genau aus diesem Grund ist erfolgreiche Kommunikation so kompliziert.

Fällt es Ihnen zum Beispiel schwer, mit anderen Menschen ins Gespräch zu kommen oder den passenden Gesprächseinstieg zu finden? Wissen Sie nicht, wie Sie sich durchsetzen und eine Diskussion für sich gewinnen können? Oder fühlen Sie sich einfach unsicher im Gespräch mit Fremden?

Um solche Hürden zu überwinden, soll Ihnen dieser Ratgeber Übungen und Anleitungen bereitstellen, welche Ihnen auf dem Weg zu einem Kommunikationsprofi helfen werden.

In einem ersten Schritt lernen Sie grundlegende Kommunikationsmodelle und wichtige Gesprächstechniken kennen. Aufbauend auf diesen Grundlagen analysieren Sie Ihre Stärken und Schwächen und arbeiten gezielt daran, diese zu verbessern. Sie werden sich mit Ihrem eigenen Kommunikationstyp auseinandersetzen und lernen, wie Sie andere gekonnt einschätzen und besser auf sie eingehen können.

Zusätzlich gebe ich Ihnen verschiedene Tipps und Übungen an die Hand, die Sie sofort umsetzen und in Ihren Alltag integrieren können, um Ihre Gesprächsführung zu verbessern.

Grundlagen der Kommunikation

DER SCHLÜSSEL ZUM ERFOLG

D ie Fähigkeit zu kommunizieren, wird uns allen in die Wiege gelegt. Dabei spreche ich nicht von der reinen Sprache – dem geschriebenen oder gesprochenen Wort. Vielmehr davon, die eigenen Gefühle, Bedürfnisse und Wünsche mit Gestik, Mimik, Händen und Füßen oder auf eine andere Arte und Weise unserem Gegenüber zu vermitteln und dadurch die eigenen Ziele zu erreichen. Wenn wir diese Fähigkeit von Geburt an bereits besitzen, warum sollte die Notwendigkeit, diese zu erlernen und zu trainieren dann überhaupt relevant sein?

Hierfür gibt es unzählige Gründe. Wir alle lernen im Laufe unseres Lebens verschiedene Arten zu kommuni–zieren, beeinflusst durch unsere Mitmenschen, unsere Charaktereigenschaften, unseren Lebensweg.

So haben verschiedene Menschen unterschiedlichen Kommunikationsfähigkeiten. Wir sind uns unserer eigenen Kommunikation und deren Bedeutung bewusst. Bei der Interaktion mit einer Person, die andere Kommunikationsmuster erlernt hat, können wir jedoch auf Hindernisse stoßen. Dadurch können Missverständnisse entstehen oder gar eine Kommunikation unmöglich werden.

In vielen Fällen beeinflusst aber auch unser eigener Charakter und unser Selbstbewusstsein die Möglichkeit, sich mit anderen in Verbindung zu setzen. Ein Small Talk an der Bushaltestelle, das Kennenlernen neuer Freunde auf einer Party, der Streit mit dem Partner oder die Reklamation beschädigter Einkäufe können dadurch zu einer großen Hürde werden. Oft bleiben wir ratlos und missverstanden zurück. Aneinander vorbeireden, sich im Ton vergreifen oder einfach die Unsicherheit ein Gespräch überhaupt zu beginnen, können schnell problematisch werden.

Dabei ist die Kommunikation in jeglichen Alltagssituation der Schlüssel für einen positiven Ausgang.

Nicht nur privat, sondern auch beruflich nimmt die richtige Kommunikation eine Schlüsselrolle und eine Kernkompetenz ein. Sind Sie sich über Ihren Tonfall, Ihre Stimmlage und den Inhalt Ihrer Worte bewusst, kann das enorm hilfreich sein und positive Auswirkungen auf den Gesprächsverlauf nehmen.

Kommunikation beruht auf sozialer und zwischenmenschlicher Interaktion und kann daher Beziehungen schaffen, stärken und beeinflussen. Sie beinhaltet den Informationsaustausch und die Meinungsübermittlung. Dadurch können wir andere überzeugen und unsere eigene Meinung durchsetzen. Ohne Kommunikation treten wir auf der Stelle.

Wenn wir mit all den Faktoren, die sich auf unsere Kommunikation auswirken, geboren werden und diese im Laufe unseres Lebens nicht beeinflussen können, stellt sich jedoch zurecht die Frage, ob Kommunikation überhaupt erlernbar ist.

Definiert man das eigene Kommunikationsverhalten lediglich als Ausdruck unserer tief liegenden Persönlichkeit, scheint eine Veränderung kaum zu erreichen beziehungsweise vielleicht auch gar nicht wünschenswert. Sieht man Kommunikation aber als Werkzeug, dass wir uns zunutze machen können, sind wir durchaus in der Lage, dieses Werkzeug zu trainieren, zu verbessern und durch geeignete Maßnahmen zu erlernen.

Dadurch verändern Sie nicht Ihre Persönlichkeit in Ihrem Wesen, sondern lernen mithilfe geeigneter Taktiken Ihr eigenes Kommunikationsverhalten an verschiedene Situationen, Gesprächspartner und Gefühlslagen optimal anzupassen. Bei einem erfolgreichen Gespräch kommt es zu 80 % auf die Beziehung und Interaktion zwischen dem Empfänger und dem Sender einer Botschaft an.

Somit ist eine Veränderung des Senders per se nicht notwendig, sondern lediglich die Ausgestaltung des Kommunikationsstrangs, der zwischen beiden entsteht. Hier ist eine aktive Gestaltung in wenigen Schritten und mit einigen Tipps durchaus möglich.

BASISMODELLE DER KOMMUNIKATION

Was sind Kommunikationsmodelle und was können wir aus ihnen ableiten? Verschiedene Wissenschaftler haben sich mit dem Thema Kommunikation auseinandergesetzt. Dabei war vor allem interessant, welche Faktoren bei der Übermittlung einer Nachricht Einfluss nehmen und wie das Zusammenspiel zwischen den

Teilnehmern verändert werden kann. Ebendiese Zusammenhänge sollen mithilfe von Kommunikationsmodellen in ihre Bestandteile, Ebenen und Prozesse aufgebrochen werden. Das Ziel ist es, Kommunikation zu verstehen und greifbar zu machen.

Im Laufe der Zeit haben sich unzählige Modelle entwickelt. Teilweise ergänzend, teilweise aufeinander aufbauend, ergeben sie gesammelt ein tiefgreifendes Bild von Kommunikation.

An dieser Stelle sollen die bekanntesten und wichtigsten Modelle, aus denen Sie für Ihre alltägliche Kommunikation etwas mitnehmen können, aufgelistet werden.

1. Das Sender-Empfänger-Modell

Das Basismodell jeder Kommunikation ist das Sender-Empfänger-Modell von Claude Shannon und Warren Weaver. Basierend auf dem Gedanken, Kommunikation mit einem Telefongespräch zu vergleichen, unterteilt das Modell ein Gespräch in zwei Seiten. Auf der einen Seite steht der Sender (der Anrufer), welcher Informationen kommunizieren möchte. Auf der anderen Seite steht der Empfänger (der Angerufene), welcher die Nachricht erhält.

Für die Nachrichtenübermittlung kodiert der Sender seine Information. Damit ist gemeint, dass er den Inhalt seiner Gedanken und dem, was er übermitteln möchte, in eine geeignete Form verpackt. Die grundlegendste dieser Formen ist die Sprache.

Der Empfänger versucht, diese Botschaft zu entschlüsseln. Er nimmt die Worte wahr und verarbeitet diese. Wie bei einer richtigen Konversation kann der Empfänger auf die Information eingehen und ein Feedback an den Sender zurückschicken.

Dadurch entsteht dann ein Dialog. Beide Seiten können bei dieser Kommunikation Fehler machen. Hierzu kommt es, wenn die Information nicht richtig verpackt oder vom Empfänger falsch entschlüsselt wird.

Eine durch und durch verständliche Kommunikation stellt den Idealfall dar, wozu es in den allermeisten Fällen jedoch nicht kommt. Mögliche Gründe hierfür werden im nächsten Modell stärker verdeutlicht.

2. Das Eisbergmodell

Die Nachrichtenübermittlung jeglicher Kommunikation zwischen Sender und Empfänger findet auf verschiedenen Ebenen statt. Hierzu zählt nach dem Eisbergmodell von Sigmund Freud und Paul Watzlawick zum einen die sachlich-rationale Ebene und zum anderen die emotionale Ebene.

Auf der rationalen Ebene werden reine Informationen ohne jegliche Wertung kommuniziert. Eine Kommunikation, die nur auf dieser Ebene stattfindet, kann es zwischen zwei Menschen nicht geben. Die Sachebene ist nur die Spitze des Eisbergs. Die emotionale Beziehungsebene ist tiefer liegend. Nur etwa 10 % bis 20 % einer Kommunikation werden durch die Sachebene bestimmt.

Der viel größere Teil findet auf der Beziehungsebene in Form von nonverbaler Kommunikation statt. Dazu zählt die Gestik, Mimik oder Körpersprachen, durch die wir Emotionen, Gefühle oder Ängste vermitteln. Reiner Informationsaustausch ist nur zwischen Computern möglich. Zwischen Menschen kommen hingegen in jedem Fall Emotionen hinzu. Auf der emotionalen Ebene wird dem gesprochenen Wort eine tiefere Bedeutung zugeordnet.

Bereits diese beiden Ebenen können sich gegenseitig beeinflussen. Denken Sie zum Beispiel an eine Situation zurück, in der Sie sachliche Informationen aufgrund einer negativ belasteten Beziehung zu einem Mitmenschen falsch aufgefasst haben. Auch, wenn wir selbst schlecht gelaunt sind, kann das unsere

Auffassungsgabe beeinflussen. Wir fühlen uns deutlich schneller angegriffen und missverstanden. Das passiert uns allen. Dabei lassen wir die Beziehungsebene die Sachebene beeinflussen.

3. Das Vier-Ohren-Modell

Das Vier-Ohren-Modell von Schulz von Thun stellt eines der bekanntesten Kommunikationsmodelle dar. Das Modell unterteilt Kommunikation nicht nur in Sach- und Emotionsebene, sondern in insgesamt vier Ebenen.

Sachebene: Diese Ebene umfasst das Gesprächsthema, welches der Kommunikation zugrunde liegt. Dabei stehen die reinen Informationen, Daten und Fakten, die übermittelt werden sollen, im Vordergrund.

Der Sender muss diese Informationen möglichst klar und unmissverständlich kommunizieren. Der Empfänger hingegen hat zu entscheiden, ob die Informationen seiner Meinung nach der Wahrheit entsprechen, relevant oder irrelevant sind und hinlänglich formuliert wurden.

Selbstoffenbarungsebene: Bei dem Aspekt der Selbstoffenbarung geht es darum, welche Informationen der Sender einer Nachricht über sich selbst preisgibt. Dadurch lässt der Sender Einblicke zu, was in ihm vorgeht. Eine Selbstoffenbarung kann unbewusst implizit oder aber explizit entstehen.

Auf dieser Ebene bildet sich der Empfänger ein Bild des Senders. Der Sender kann diese Bild oft nicht beeinflussen, da die Selbstoffenbarung unterbewusst passiert.

Beziehungsebene: Aus jeder Kommunikation lassen sich außerdem Rückschlüsse auf das Verhältnis und die Beziehung zwischen Sender und Empfänger schließen. Dadurch können Aussagen über Zuneigung, Abneigung, Respekt oder Wertschätzung getroffen werden. Diese Offenbarung ist durch Außenstehende oft leichter zu erkennen.

Zwischen Sender und Empfänger kann es auch hier schnell zu unterschiedlichen Wahrnehmungen kommen. Dennoch spielt die Beziehungsebene eine wichtige Rolle für den Ausgang des Gesprächs. Besteht zwischen Sender und Empfänger eine positive Beziehung, ist die Wahrscheinlichkeit groß, dass auch das Gespräch einen positiven Verlauf nimmt.

Appellebene: Auf der Appellebene geht es darum, welche Ziele durch das Gespräch erreicht werden sollen. Vom Empfänger aus gesehen, geht es darum, herauszufinden, was der Sender erwartet. Dabei ist keine direkte Aufforderung notwendig. Ein Appell kann ebenfalls durch offensichtliche Handlungen übermittelt werden. Es werden Wünsche, Ratschläge oder Handlungsempfehlungen übermittelt.

Der Sender muss aber auch darauf achten, dass er seinen Appell möglichst präzise und offensichtlich formuliert, dass dieser beim Empfänger auch ankommt.

4. Das Transaktionsmodell

Das Transaktionsmodell weicht von verschiedenen Kommunikationsebenen zwischen Sender und Empfänger ab und geht verstärkt auf konkrete Persönlichkeitsstrukturen, sowohl des Senders als auch des Empfängers, ein.

Dabei gibt es drei verschiedene Persönlichkeitszustände, in denen sich ein Mensch während einer Kommunikation befinden kann. Diese sind nicht gleichzusetzen mit den Charaktereigenschaften eines Menschen, sondern beziehen sich lediglich auf die Art und Weise, wie eine Information herausgegeben wird.

Das Eltern-Ich vermittelt Botschaften auf zurechtweisende und autoritäre Art und Weise. Dabei fühlen sich Zuhörer oft bevormundet.

Das Kind-Ich hingegen wirkt albern, spontan und verspielt. Es kann aber auch bei Missfallen der Information oder des Verhaltens des Gegenübers trotzig werden und sich versperren.

Das Erwachsenen-Ich kommuniziert stark auf der Sachebene und vermittelt Botschaften stets rational und reflektiert. Es verwendet klar strukturierte Daten und Fakten und gibt keine Wertung.

Menschen sind in ihrer Kommunikation nicht auf einen Ich-Zustand beschränkt, sondern können ihren Ich-Zustand vielmehr in Anpassung an Erfahrungen, Gefühle, Wünsche und den Ich-Zustand des Gegenübers wechseln. Dieser Wechsel kann während eines Gesprächs mehrere Male vollzogen werden, je nachdem, wie sich das Gespräch entwickelt. Treffen unterschiedliche Ich-Zustände aufeinander, kann es schnell zu Konflikten kommen.

Aus dem Feedback und der Reaktion anderer können Sie oftmals Ihren aktuellen Ich-Zustand ablesen. Sind Sie sich dessen bewusst, können Sie diesen proaktiv wechseln.

Bei der Betrachtung dieser Modelle wird schnell deutlich, wo und wodurch in einer Kommunikation Probleme entstehen können. Verwenden Kommunikationspartner   unterschiedliche

Kommunikationsmethoden, kommunizieren auf unterschiedlichen Ebenen und gewichten diese unterschiedlich, kommt es zu Missver–ständnissen oder Ärger. Machen Sie sich diese Modelle und Problemfelder bewusst, fällt es Ihnen vielleicht leichter, sich in Ihr Gegenüber hineinzuversetzen und Konflikte zu umgehen.

VERSCHIEDENE KOMMUNIKATIONSTYPEN ERKENNEN UND VERSTEHEN

Jeder Mensch hat seinen eigenen Kommunikationsstil. Dennoch lassen sich verschiedene Eigenschaften und Charakterzüge in der Kommunikation zu charakteristischen Typen zusammenfassen. Prallen diese Typen aufeinander, kann es zu Verständigungsproblemen, Streit oder Missverständnissen kommen.

In diesem Kapitel lernen Sie, unterschiedliche Kommunikationstypen zu erkennen, um besser auf sie eingehen zu können. Außerdem lernen Sie, Ihren eigenen Kommunikationsstil einzuschätzen. Dies hilft dabei, Ihren eigenen Stil variieren zu können und Schwächen in Stärken umzuwandeln. Dadurch können Sie sich selbst und andere in Gesprächen besser verstehen und komplizierten Gesprächspartner souverän begegnen. Sie sollen sich dabei keineswegs verstellen, sondern vielmehr Ihre eigenen Stärken und Schwächen realistisch und bewusst einschätzen, um mit anderen erfolgreicher kommunizieren zu können.

Lesen Sie sich die folgenden Beschreibungen der verschiedenen Kommunikationstypen in Ruhe durch. Wenn Sie einmal eine Gesprächsrunde aufmerksam beobachten, werden Sie bestimmt den einen oder anderen Typ klar identifizieren können. Versuchen Sie außerdem, sich selbst unvoreingenommen in einem oder mehreren der Typen wiederzuerkennen.

Typ 1: Der Analytiker

Der Analytiker zeichnet sich durch eine logische Denkweise und analytische Fähigkeiten aus. In einer Konfliktsituation kann der Analytiker stets ruhig bleiben und fokussiert sich stärker auf die Sachebene als auf die Emotionsebene.

Diesen Kommunikationstyp überzeugen Sie am besten durch ausgefeilte Argumente und eine Satzstruktur, die den Inhalt kurz und knapp auf den Punkt bringt. Sie sollten gegenüber einem Analytiker immer auf Rückfragen vorbereitet sein.

Sollten Sie selbst ein Analytiker sein, empfiehlt es sich, in Gesprächen auch loszulassen. Es ist nicht immer notwendig, auf jedes kleinste Detail einzugehen. Lassen Sie sich auch von Ihrem Bauchgefühl leiten.

Typ 2: Der Verallgemeinerer

Sehr kreative und emotionale Menschen neigen dazu, Sachverhalte zu verallgemeinern. Das Große und Ganze behält der Verallgemeinerer stets im Blick. Sobald eine Kommunikation allerdings zu detailliert wird, verliert er leicht den Überblick.

Mit analytischen Informationen und Fakten stoßen Sie beim Verallgemeinerer auf taube Ohren. Der Analytiker und der Verallgemeinerer stellen somit komplementäre Kommunikationstypen dar. Eine Unterhaltung wirkt daher oft schwerfällig, da beide auf verschiedenen Ebenen kommunizieren und das Gesprochene wahrnehmen. Verwirren Sie den Verallgemeinerer nicht mit zu vielen Detailfragen. Geben Sie ihm klare Strukturen und Anweisungen vor und fassen Sie wichtige Aussagen noch einmal kurz zusammen.

Verallgemeinerer selbst sollten sich nicht zu sehr in kreativen Ideen verzetteln. Bleiben Sie bei Ihrem ersten Gedanken und setzen Sie diesen um. Sollte es Ihnen schwerfallen, sich zu konzentrieren oder zu fokussieren, nehmen Sie sich Hilfsmittel zur Hand. To-do-Listen oder Notizzettel können helfen, wichtige Gespräche zu strukturieren.

Typ 3: Der Kritiker

Der Kritiker macht seinem Namen alle Ehre. Üblicherweise ist er sehr pessimistisch gestimmt und schwer zu überzeugen. Er gibt gern Kontra, selbst wenn er der gleichen Meinung ist. Unterhaltungen mit dem Kritiker sind oft anstrengend und nervenaufreibend. Andere bekommen in Gesprächen mit einem Kritiker schnell das Gefühl, dass er sie und ihre Ideen abwerten möchte. Das ist oft jedoch gar nicht der Fall.

In Gesprächen mit einem Kritiker sollten Sie daher gelassen bleiben und versuchen, sich auch in seine Lage zu versetzen. Fragen Sie, warum der Kritiker bestimmte Themen so sieht, und lassen Sie ihn selbst Gegenvorschläge machen, mit denen er zufrieden ist.

Sollten Sie ein Kritiker sein, achten Sie darauf, nicht zu persönlich zu werden. Konstruktive Kritik ist gern gesehen, aber der Ton macht die Musik.

Typ 4: Der Besserwisser

Der Besserwisser gibt sein Wissen gern weiter, auch ungefragt. Häufig wirkt dieses Verhalten überheblich und aufdringlich. Dabei möchte er lediglich teilhaben und helfen. Dieser Kommunikationstyp tendiert oft zu Sarkasmus und Ironie. Er profiliert sich gern und kann eigene Fehler schwer eingestehen. Gesprächspartnern kommt es so vor, als würde er sich selbst über andere stellen. Sie gehen davon aus, dass er sich für schlauer und besser hält. Dadurch wirkt der Besserwisser unsympathisch und wird bei Gesprächen oft gemieden.

Lassen Sie sich von einem Besserwisser nicht aus der Ruhe bringen. Bei einem Gespräch mit ihm ist die richtige Vorbereitung die halbe Miete.

Besserwisser sollten sich in Gesprächen auch mal zurücknehmen. Geben Sie Ihrem Gegenüber die Chance, Fehler selbst zu erkennen und reiten Sie nicht darauf herum. Nur weil Sie denken, es besser zu wissen, muss das nicht immer der Fall sein. Vertrauen Sie auch mal auf die Ideen anderer.

Typ 5: Der Sanfte

Ein sanftes Gemüt und Harmoniebedürftigkeit definieren den sanften Kommunikationstyp. Konfrontationen vermeidet er lieber und versucht, stets bei Konflikten zu vermitteln. Sein freundliches Wesen macht ihn zu einem guten Zuhörer. Er ist ein angenehmer Gesprächspartner, kann sich selbst aber schlecht durchsetzen. Er hilft gern und ist für andere da. Gespräche mit ihm werden meistens sehr geschätzt. Selbstlose Kommunikationstypen neigen allerdings schnell dazu, sich selbst zu unterschätzen und in Gesprächen unterzuordnen.

Gehören Sie zum sanften Typ, sollten Sie sich nicht unter Wert verkaufen. Sie müssen nicht immer das tun, was von Ihnen erwartet wird. Arbeiten Sie an Ihrem Selbstbewusstsein und setzen Sie sich auch mal durch. Besonders wichtig für Sie ist es, auch mal Nein zu sagen. Ergreifen Sie in Gesprächen hin und wieder mal selbst das Wort und stehen Sie zu Ihrer eigenen Meinung. Sie sollten Konfrontationen nicht scheuen, denn auch Sie haben eine Meinung, die es wert ist, gehört zu werden.

Typ 6: Der Alleinunterhalter

Stehen Sie gern im Mittelpunkt und übernehmen die Leitung in einem Gespräch? Dann sind Sie möglicherweise ein Alleinunterhalter. Unter Menschen fühlen Sie sich wohl und haben jederzeit einen guten Gesprächseinstieg parat. Auf der anderen Seite wirken

Gespräche mit Ihnen schnell wie eine Selbstinszenierung. Außerdem unterbricht der Alleinunterhalter andere oft. Zwei Alleinunterhalter untereinander schaukeln sich oft nach oben und kämpfen um Aufmerksamkeit. Zu Beginn wird der Alleinunterhalter meist geschätzt für seine lockere Art und mitreißenden Einfälle. Schnell fühlt man sich ihm gegenüber allerdings nicht wahrgenommen und wertgeschätzt.

Alleinunterhalter sollten lernen, sich zu bremsen und dem Gesprächspartner Respekt und Ernsthaftigkeit entgegenzubringen. Lernen Sie, sich selbst im richtigen Moment auch zurückzunehmen und Ihrem Gegenüber aktiv zuzuhören.

Typ 7: Der Abweiser

Fehlendes Selbstvertrauen oder Verunsicherung zeichnen den Abweiser aus. Seine schüchterne Art macht es ihm schwer, mit anderen ins Gespräch zu kommen. Manchmal hat er auch einfach keine Lust dazu. Die klassische Körpersprache des Abweisers sind verschränkte Arme. Er ist vor allem in größeren Gruppen eher passiv und zurückhaltend. Andere nehmen ihn daher als arrogant und unzugänglich wahr.

Abweiser sollten sich mit den Gründen für Ihre Unsicherheit auseinandersetzen. Werden Sie auch selbst aktiv und erkennen Sie die Möglichkeiten, die sich Ihnen in Gesprächen bieten. Haben Sie keine Angst, auf andere zuzugehen, und geben Sie ihnen das Gefühl, an einem Gespräch interessiert zu sein.

Haben Sie sich selbst wiedererkannt? Gut, dann wissen Sie bereits ein kleines bisschen mehr über sich und Ihre Stärken und Schwächen.

Fragen Sie in jedem Fall für eine optimale Selbsteinschätzung auch außenstehende Personen, wie Sie auf sie wirken. Freunde, Bekannte, Familienmitglieder oder Arbeitskollegen schätzen einen oft anders ein als man selbst. Eine übereinstimmende Einschätzung ist ein erster Schritt in Richtung realitätsnahes Selbstbild und damit einhergehend die optimale Ausgangslage für gelungene Kommunikation.

Bei diesen sieben Kommunikationstypen handelt es sich jedoch in erster Linie um Stereotypen. Vielleicht passen Sie voll und ganz in eine dieser Kategorien, vielleicht besitzen Sie Eigenschaften mehrerer Typen oder aber Ihr Kommunikationstyp hängt ganz von Ihrem Gesprächspartner, der Situation oder Ihrer Stimmung ab. Ebenso kann es bei Ihrem Gegenüber der Fall sein.

Viel wichtiger aber ist, dass Sie Ihren Kommunikationstypen durch etwas Übung ablegen oder an andere Kommunikationstypen anpassen können. Wie Sie das hinbekommen, lesen Sie im nächsten Kapitel.

Von Kopf bis Fuß vorbereitet

KÖRPER – WENN UNSERE KÖR-PERSPRACHE UNS ZU EINEM OF-FENEN BUCH MACHT

D ie nonverbale Kommunikation stellt die älteste Form der zwischenmenschlichen Kommunikation dar. Sie hilft seit jeher, Sympathien zu erzeugen, Vertrauen zu schaffen, Botschaften zu vermitteln und Ziele zu erreichen. Körpersprache lässt sich nicht abschalten, denn wie der Kommunikationsforscher Paul Watzlawick sagte: „Man kann nicht nicht kommunizieren."

Es existieren 5.000 Gesten, 250.000 Gesichtsausdrücke und 1.000 Körperhaltungen. Die meisten passieren ohne Absicht. Das liegt daran, dass die Körpersprache im limbischen System, also tief im Unterbewusstsein verankert ist. Daher legen wir auch mehr Wahrheit in die Körpersprache als in das gesprochene Wort, da sie schwer beeinflussbar ist. Somit wird Körpersprache als ehrlicher empfunden.

Haben Sie in einem Gespräch schon einmal die Arme verschränkt, die Augen verdreht oder nervös auf den Tisch geklopft? Diese kleinen Gesten fallen Ihrem Gegenüber auf und verraten mehr über Sie als Sie denken. Unser Charakter und unsere Gefühle transportieren wir unterbewusst über unsere Körpersprache nach außen. Positive Gefühle machen uns offen und lassen uns von innen heraus strahlen. Negative Gefühle hingegen lassen sich kaum verbergen und rufen in einem Gespräch schnell Konflikte hervor.

Insbesondere unsere Gesichtsmuskeln drücken spontan und unkontrolliert Gefühle aus. Ein offener und fester Blickkontakt signalisiert Interesse und Aufmerksamkeit. Ein Gesprächspartner nimmt dies bewusst oder unbewusst wahr und macht sich in nur wenigen Sekunden sein Bild über Sie. Damit werden automatisch entsprechende Emotionen mit Ihnen als Person verknüpft.

Die nonverbale Kommunikation muss mit dem Gesprochenen übereinstimmen, um beim Empfänger tatsächlich Glaubwürdigkeit und Vertrauen hervorzurufen. Oft wird jedoch der eigenen Körpersprache wenig Beachtung geschenkt. Dadurch verschenken Sie jedoch jede Menge Potenzial. Denn wie der Psychologe Albert Mehrabian herausfand, entstehen 93 % des ersten Eindrucks auf Grundlage unserer Haltung, Mimik und Gestik, Stimme, Tonlage und Aussprache. Davon sind ganze 55 % lediglich die Körpersprache. Nur 7 % werden tatsächlich dadurch bestimmt, was wir sagen. Außerdem können durch Gestik und Mimik Gespräche spannender gemacht und der Zuhörer gefesselt werden.

Betrachten Sie sich einmal selbst im Spiegel. Minimale Veränderungen an Ihrer Haltung können Ihr Erscheinungsbild offener und selbstsicherer machen. Versuchen Sie, einen festen Stand einzunehmen. Leicht geöffnete Füße wirken lockerer und weniger verkrampft. Richten Sie sich bewusst Wirbel für Wirbel auf. Schütteln Sie Ihre Schultern aus und schieben Sie sie leicht zurück und nach unten. Halten Sie Ihren Kopf gerade und fokussieren Sie sich in Ihrem Spiegelbild.

Vergessen Sie nicht, leicht zu lächeln, denn das Gesicht gibt über die Mimik den größten Teil unseres

Inneren preis. Ein Lächeln wirkt sich automatisch auf unser Wohlbefinden aus. Außerdem lässt es Sie nicht nur sympathisch wirken, sondern verhilft auch zu einer offeneren und positiveren Körperhaltung und schafft Vertrauen.

Erkennen Sie einen Unterschied? Wiederholen Sie diese Übung jedes Mal, wenn Sie vor einem Spiegel stehen. Zum Beispiel nach dem Händewaschen. So verinnerlicht Ihr Körper diese Haltung.

Zusätzlich können Sie wichtige Vorträge oder Reden im Voraus üben und auf Kamera aufnehmen. Dadurch sehen Sie schnell, wie Sie wirken. Das kann teilweise sehr erschreckend sein, da wir selbst uns oft anders wahrnehmen und fühlen, als wir es tatsächlich ausstrahlen.

Schauen Sie sich auch Videos großer Persönlichkeiten an, während diese Reden halten. Welche Gesten wirken einladend, freundlich oder fesselnd auf Sie? Versuchen Sie, diese Gesten ebenfalls in Ihre Gespräche einzubauen. Auch diese können Sie vor dem Spiegel üben oder in Gesprächen mit Freunden anwenden und auf die Reaktion achten. Lassen Sie Ihre Arme dabei möglichst locker und oberhalb der Taille. Wichtig ist, dass Sie es nicht übertreiben. Fühlt sich eine Geste oder eine Körperhaltung unnatürlich an, wird sie so in den meisten Fällen auch aussehen.

Bitten Sie außerdem Freunde oder Familienmitglieder um konkretes Feedback. Gibt es bestimmte Posen, die Sie häufig verwenden? Verändert sich Ihre Haltung in unterschiedlichen Situationen? Außenstehende Personen können diese Fragen oft besser beantworten. Fragen Sie nach mehreren Meinungen, um ein umfassendes Bild Ihrer eigenen Körpersprache zu erhalten und zu verstehen, wie Sie auf andere wirken.

Beispiele für negative Körpersprache:

• Verschränkte Arme wirken verschlossen und abweisend.

• Breitbeiniges Stehen wirkt überheblich und angriffslustig.

• Häufig das Standbein zu wechseln, zeugt von Unsicherheit und Nervosität.

• Mit dem Fuß zu wippen, einem Kugelschreiber, einer Haarsträhne oder Ähnlichem zu spielen und auf den Tisch zu tippen, wirkt nervös, desinteressiert und gelangweilt.

• Eine eingefallene Körperhaltung mit hängenden Schultern zeugt von Mut- und Energielosigkeit.

- Ein abgewendeter Körper, Blick oder Fußstellung signalisiert Ablehnung und Desinteresse.

- Ein versteifter Körper vermittelt übertriebene Disziplin und Unsicherheit.

- Eine gerunzelte Stirn wirkt missbilligend, kritisch oder nachdenklich.

- Hochgezogene Augenbrauen signalisieren Ungläubigkeit, Skepsis oder Überraschung.

- Ein abgewendeter Blick wirkt verlegen oder gelangweilt.

- Verkrampfte Lippen, Augen oder Mund zeugen von Anspannung, Nervosität oder innerem Druck.

- Wildes Gestikulieren erzeugt Unruhe.

- Häufiges Blinzeln signalisiert Unsicherheit und erzeugt Unruhe und Stress.

- Ein schwacher Händedruck wird mit einer schwachen Persönlichkeit gleichgesetzt.

- Ein nach unten gerichteter Blick deutet auf Unsicherheit und Unterwürfigkeit.

- Hände hinter dem Rücken wirken zurückhaltend und schüchtern.

- Hände in den Hosentaschen signalisieren Langeweile und Desinteresse.

- Sich zurückzulehnen und es sich in wichtigen Situationen zu gemütlich zu machen, wirkt überheblich und eingebildet.

Beispiele für positive Körpersprache:

- Aufrechte Körperhaltung sorgt für Sicherheit und Selbstbewusstsein.

- Eine leichte Neigung nach vorn signalisiert Zustimmung, Einfühlungsvermögen und Interesse.

- Ein geneigter Kopf wirkt aufmerksam und fokussiert.

- Nicken signalisiert Zustimmung, Aufmerksamkeit und Einverständnis.

- Ein fester Blickkontakt, ohne zu starren, zeugt von Interesse und Zuhören.

- Ein Lächeln sorgt für eine sympathische Ausstrahlung, Freundlichkeit und Wohlbefinden.

- Offene Hände und einladende Armbewegungen wirken aufrichtig, freundlich und aufgeschlossen.

- Ein fester Händedruck zeigt Stärke und Selbstbewusstsein.

- Eine aufrechte und gerade Körperhaltung steht für einen ehrlichen und aufrichtigen Charakter.

- Ruhige Gesten und Handbewegungen wirken selbstsicher, überzeugt und beruhigend.

Der Psychologe Paul Ekman kategorisiert fünf verschiedene Formen von Gesten.

„Illustratoren" verdeutlichen das Gesagte, mit einem konkreten Bezug darauf. Zum Beispiel eine Handbewegung, um die Größe von etwas zu symbolisieren.

„Embleme" sind kulturell bestimmte Gesten, die von der Gesellschaft einheitlich wahrgenommen werden. Dazu zählen beispielsweise das Nicken als Zustimmungsform oder das Kopfschütteln bei Verneinungen.

„Adaptoren" entwickeln sich im Laufe des Lebens und stehen nicht bewusst für eine bestimmte Aussage. Beispielsweise das Knabbern an Fingernägeln.

„Regulatoren" dienen dazu, den Gesprächsverlauf bewusst zu beeinflussen.

Abschließend entstehen „Affektgesten" in besonders emotionalen Situation. Zum Beispiel ein kleiner Sprung bei Freude.

Wenn Sie sich für Gestik und Mimik sensibilisieren, können Sie tiefgreifende Informationen über die Gefühle und das Verhalten Ihres Gesprächspartners lernen. Eine korrekte Deutung und Einordnung der Körpersprache hilft Ihnen, auf Ihre Mitmenschen einzugehen und sie selbstbewusst einzusetzen. Steigern

Sie diesen Effekt, indem Sie die erkannte Körpersprache Ihres Gegenübers bewusst spiegeln. Dadurch können Gemeinsamkeiten, Vertrauen und Sympathie sug-
geriert werden. Auch das können Sie leicht im Gespräch mit Freunden üben.

Nichtsdestotrotz sollten Sie nicht unterschätzen,
wie schwierig eine vollkommen korrekte Deutung der
Körpersprache ist. Bestimmte Signale, sogenannte
Makrosignale, sind leicht zu verstehen. Es gibt jedoch
auch sogenannten Mikrosignale. Minimale Zuckungen
der Gesichtsmuskeln beispielsweise. Diese sind meist
kaum erkennbar und somit schwer in die Interpreta-
tion einzubeziehen.

Aus diesem Grund sollten Sie darauf achten, nicht
zu voreilig Schlüsse über Ihren Gesprächspartner zu
ziehen. Bilden Sie sich Ihre Meinung, aber bleiben Sie
offen, diese auch ändern zu lassen. An dieser Stelle ist
daher viel Übung notwendig. Sprechen Sie mit Freunden oder Familienmitgliedern offen über Ihre Beobach-
tungen und vergleichen Sie, ob Sie richtig liegen.

GEIST – DAS RICHTIGE MINDSET REGELT DEN REST

Sosehr Sie selbst an sich und Ihren Gesten arbeiten, bleibt die Körpersprache auch eines der größten Probleme der Kommunikation. Sie können sich Gesten antrainieren, an Ihrer Körperhaltung arbeiten, Feedback einholen und sich Ihre Schwächen bewusst machen. Dennoch haben Sie auf manche Signale Ihres Körpers keinerlei Einfluss, denn Ihre Körpersprache und äußere Haltung werden stark durch Ihr Inneres bestimmt. Auch Disziplin und Selbstkritik können hieran nichts ändern.

Wie bereits erwähnt, sind Mimik und Gestik ein Ausdruck von Emotionen. Diese Emotionen entstehen tief in Ihrem Inneren und werden durch verschiedene Situationen beeinflusst, die nichts mit dem Gespräch zu tun haben. Aus diesem Grund ist es wichtig, bestimmten Verhaltensweisen auf den Grund zu gehen. Gibt es Probleme, die Sie belasten? Sind Sie erschöpft oder müde? Brauchen Sie eine Pause?

In diesen Fällen kann Ihr Erscheinungsbild eingefallen, lustlos und ohne Spannung erscheinen. Tiefliegende Probleme verleiten uns außerdem häufig dazu, von Gesprächsthemen abzuschweifen. Dadurch wirken wir desinteressiert. Um solchen Einflüssen auf den Grund zu gehen, müssen Sie ganz ehrlich zu sich selbst sein.

Haben Sie hingegen in Gesprächen mit Unsicherheit, Anspannung oder Nervosität zu kämpfen, dann versuchen Sie nicht, dagegen anzukommen. Emotionen sind fest in uns verankert. Diese zu überspielen oder zu ignorieren, wird Ihnen nicht gelingen. Dadurch wirken Sie noch unsicherer und verkrampfen. Nehmen Sie diese Gefühle als Teil Ihres Selbst an.

Akzeptieren Sie sie und versuchen Sie, sie für sich zu nutzen. Das ist selbstverständlich leichter gesagt als getan. Nehmen Sie Ihre Unsicherheit aber bewusst an und geben ihr einen Namen, wirken Sie authentisch. Dies kann Ihnen beispielsweise gelingen, indem Sie zu Beginn eines Gesprächs diese Emotionen direkt offenbaren und mitteilen. Sagen Sie Ihrem Gegenüber, dass Sie nervös oder aufgeregt sind. Er wird Sie verstehen und sofort eine Bindung zu Ihnen aufbauen. Ehrlichkeit und Vertrauen bauen automatisch ein Band zwischen zwei Menschen auf, dass eine optimale Grundlage für ein gelungenes Gespräch bietet.

Um sich wohler zu fühlen, können Sie auch versuchen, vor einem Gespräch, einer Präsentation oder Rede an einen besonders schönen Moment zu denken.

Erinnerungen, die wir mit positiven Emotionen ver-
knüpfen, lösen in uns ein gutes Gefühl aus, allein
durch den Gedanken daran. Machen Sie sich diese positiven Emotionen zunutze. Wenn Sie an einen solchen
Moment zurückdenken, adaptiert Ihr Körper diese Gefühle auf die jetzige Situation, auch wenn Sie sich ei-
gentlich nicht danach fühlen. Außerdem sollten Sie in-
nerlich auch immer hinter Ihrer Botschaft stehen. Nur
dann können Sie diese überzeugend, ruhig und gelassen präsentieren. Ihre eigene Überzeugung ist der
beste Schlüssel zum Erfolg und dazu, andere zu überzeugen.

Folgende Tipps können bei Nervosität ebenfalls einen positiven Einfluss auf den Gesprächsverlauf nehmen:

- Seien Sie ausgeruht und ausgeschlafen.
- Tragen Sie bequeme Kleidung, in der Sie sich wohl-
fühlen.
- Atmen Sie dreimal tief ein und aus, bevor Sie mit dem
Reden beginnen.
- Zählen Sie in Ihrem Kopf langsam bis 10.
- Denken Sie an bisherige Erfolge und Ihre Stärken.

Unser Kommunikationsstil gibt uns viel Auskunft
über unsere Selbstwahrnehmung. In vielen Fällen

betrachten wir uns selbst aber viel kritischer, als unsere Mitmenschen dies tun. Machen Sie sich das immer wieder bewusst. Holen Sie Feedback ein und feiern Sie Erfolge. Unsere innere Gefühlswelt und unser Selbstbewusstsein wirken sich auch auf unsere Körperhaltung aus. Die Körperhaltung wirkt sich aber auch auf den tatsächlichen Klang der Sprache aus. Verschiedene Sätze klingeln unterschiedlich, je nachdem, wie aufrecht wir stehen und wie wir uns positionieren.

SPRACHE – IN DER SPRACHE LIEGT DIE KRAFT

Das offensichtlichste Hilfsmittel in einer Kommunikation stellt allerdings die Sprache dar. Das gesprochene Wort übermittelt erst den tatsächlichen verbalen Inhalt einer Botschaft. Dabei ist jede Stimme individuell. Aus diesem Grund erkennen wir bekannte Stimmen auch ungesehen wieder. Wir werden mit unserer Stimme geboren und können an der Klangfarbe nur wenig ändern. Dennoch ist es uns möglich, mithilfe unserer Stimme zu beeinflussen, ob andere Menschen uns sympathisch finden, ob wir als ehrlich wahrgenommen werden und wie offen andere Menschen uns gegenüber sind.

Nicht nur über die Körpersprache, sondern auch über die Stimme tragen wir Emotionen und Gefühle nach außen. Eine wichtige Übung an dieser Stelle ist, Ihnen selbst zuzuhören. Das mag komisch klingen, aber nur so können Sie Ihre Schwachpunkte erkennen und verbessern. Zeichnen Sie sich selbst auf, beispielsweise mit einem Sprachrekorder oder direkt mit einer Videokamera, um Sprache und Körpersprache gemeinsam zu analysieren. Auch in professionellen Kommunikationstrainings werden Videoanalysen durchgeführt. Denn nur dadurch sehen Sie sich einmal, wie andere Sie sehen. Probieren Sie einfach verschiedene Aussprachen und Betonungen aus und hören Sie sich an. Die Körpersprache kann, wie bereits erwähnt, einen großen Einfluss auf Ihre Stimme haben. Also scheuen Sie sich nicht, denselben Text in verschiedenen Positionen einzusprechen. Hören Sie sich an, wie Sie im Stehen, im Liegen oder im Sitzen klingen und was eine aufrechte Körperhaltung an Ihrer Stimme verändert. Auf folgende Komponenten in Ihrer Stimme können Sie achten. Variieren Sie diese bewusst, um ein Gefühl dafür zu bekommen.

Das Tempo

Das Sprachtempo ist besonders wichtig. Nur in einem angemessenen Tempo kann Ihr Gesprächspartner Ihnen folgen und die Informationen verarbeiten. Dabei sollten Sie weder zu schnell noch zu langsam sprechen. Bei einer zu schnellen Sprechgeschwindigkeit hat der Zuhörer nicht ausreichend Zeit, das Gesagte zu verstehen und zu verarbeiten. Dadurch wird er sich nicht an alles erinnern und somit nicht auf alle Ihre Punkte eingehen können. Häufig kommt es dadurch beim Zuhörer auch zur Frustration, was dazu führen kann, dass er dem Gespräch gar nicht mehr folgt.

Auf der anderen Seite hat aber auch zu langsames Sprechen seine Nachteile. Sprechen Sie zu langsam, kann Ihr Zuhörer sich langweilen und abschalten. Zusätzlich lässt man sich als Zuhörer in einem solchen Fall schneller von anderen Dingen ablenken.

In vielen Fällen hat man aber bereits von Mitmenschen eine Rückmeldung bekommen, falls man eines der beiden im Extremen ausführt. Nichtsdestotrotz sollten Sie hier Feedback von Außenstehenden einholen. Man selbst hört oft nicht, dass man zu langsam oder zu schnell spricht, da man selbst das Gesagte bereits kennt und daher auch versteht.

Sind Sie sich beim Tempo sehr unsicher, gibt es Onlineangebote, bei denen Sie Texte eines Vorlesers zeitgleich mitsprechen können. Diese Shadowing-Methode hilft Ihnen dabei, ein Gespür für das richtige Tempo zu finden.

Die Betonung

In einem erfolgreichen Gespräch ist es besonders wichtig, dass Ihr Zuhörer Ihren Worten folgen kann. Dabei spielt aber nicht nur das Tempo eine wichtige Rolle. Auch bei einem angemessenen Tempo kann eine monotone Aussprache dazu führen, dass der Zuhörer nicht folgen kann.

Bestimmt haben Sie es selbst bereits einmal erlebt, dass ein Gesprächspartner sehr monoton gesprochen hat. Das Übergehen von Satzzeichen oder die falsche Betonung können leicht zu Missverständnissen oder Verständigungsproblemen führen. Aus diesem Grund sollten Sie darauf achten, dass Sie die einzelnen Sätze deutlich voneinander abtrennen und möglichst kurz und prägnant formulieren. Heben Sie Ihre Stimme am Ende einer Frage und senken Sie sie bei Aussagen. Machen Sie sich außerdem im Voraus bewusst, welche Stelle, Inhalte oder Informationen besonders wichtig sind. Diese gilt es, dann insbesondere zu betonen und mit einer kurzen Kunstpause zu untermauern. Wichtige Begriffe oder gar Fremdwörter sollten besonders deutlich ausgesprochen werden, sodass auch Zuhörer, die diese nicht kennen, die Begriffe verstehen.

Die Aussprache

Eine deutliche Aussprache wirkt entschlossen, souverän und kompetent. Sie müssen Ihre Stimme nicht erheben, um sich Gehör zu verschaffen. Nutzen Sie eine deutliche Artikulation zu Ihrem Vorteil.

Für das Trainieren der perfekten Aussprache gibt es unter Schauspielern einen alten Trick. Nehmen Sie einen Korken zwischen Ihre Zähne und üben Sie die Aussprache damit. Nehmen Sie sich auch hier gern vor und nach der Übung auf und vergleichen Sie die Verbesserung. Achten Sie außerdem darauf, diese laute und deutliche Aussprache das gesamte Gespräch über beizubehalten. Auch, wenn Sie etwas aus dem Konzept bringt oder selbst, wenn Sie selbst nicht ganz überzeugt sind, von dem was Sie sagen: Eine laute und deutliche Aussprache kann über Unsicherheit und Angst hinwegtäuschen und Sie selbstbewusst erscheinen lassen.

Die Artikulation kann über die Zunge und den Kiefer gelenkt werden. Diese Bereiche sollten daher gedehnt und besonders gefordert werden. Vor wichtigen Gesprächen, Reden oder Vorträgen empfiehlt es sich außerdem, die Sprechmuskulatur aufzuwärmen. Hierfür können Sie Ihr Kiefergelenk ganz einfach mit den Fingern massieren und durch Kaubewegungen lockern. Bewegen Sie zusätzlich Ihre Zunge bei geschlossenem Mund nach links und rechts und so weit nach hinten wie möglich. Auch mit der Zunge schnalzen und Luft in mehreren Stößen aus den Backen zu pusten und dabei die Lippen vibrieren zu lassen, hilft beim Aufwärmen.

Die präzise Aussprache von Konsonanten ist besonders wichtig. Sprechen Sie schnell und wiederholt Konsonanten in ihrer Lautsprache durch, um diese zu üben. Auch das Erlernen von Zungenbrechern hilft enorm bei der richtigen Artikulation. Sprechen Sie diese möglichst schnell und oft hintereinander durch. Insgesamt gesehen, hilft es, möglichst viele Texte laut und deutlich vorzulesen. Lesen Sie Ihre E-Mails, Zeitungsartikel, Blogbeiträge oder diesen Ratgeber einfach laut vor, um zu üben.

Der Wortschatz

Ihre Aussprache und Betonung bringen Ihnen nichts, wenn Sie nicht auch Ihren Wortschatz an Ihre

Gesprächsinhalte anpassen. Verwenden Sie Fachwörter, wenn es das Thema erfordert, und Ihre Gesprächspartner mit diesen vertraut sind. Ansonsten sollten Sie diese besser vermeiden, da Sie sonst schnell arrogant und herablassend wirken können. Nutzen Sie nur Wörter, die Sie selbst auch wirklich kennen und verstehen.

Vermeiden Sie Füllwörter und die Verwendung des Wortes „ähm". Insbesondere bei Nervosität neigen wir dazu, solche Wörter zu verwenden. Dadurch wirken Sie allerdings schlecht vorbereitet, unprofessionell und unsicher. Oft fällt einem selbst das gar nicht auf. Auch aus diesem Grund ist es besonders wichtig, im Voraus zu üben, was genau Sie sagen wollen, und auf einer Aufnahme zu überprüfen, wie oft Sie tatsächlich Füllwörter verwenden.

Oft werden Füllwörter auch verwendet, wenn man aus dem Konzept kommt oder nicht mehr weiterweiß. Sagen Sie dann lieber nichts und machen Sie eine kurze Pause. Das wirkt selbstbewusst und gibt dem Zuhörer zusätzliche Zeit, Informationen zu verarbeiten und seinen Fokus wieder auf Sie zu richten.

Verwenden Sie zur Auflockerung Metaphern, Vergleiche und Beispiele. Dadurch kann sich Ihr Zuhörer das Gesagte bildlich vorstellen und kann die Informationen besser verarbeiten und länger speichern.

„Dickhäutig wie ein Elefant" oder „fleißig wie eine Biene" sind Redewendungen aus dem alltäglichen Sprachgebrauch, die ein Gespräch auflockern können. Wollen Sie hingegen eine negative Nachricht übermitteln, verwenden Sie Euphemismen, welche die negative Bedeutung abschwächen. Hierbei hilft es im Allgemeinen, viel zu lesen, um Ihren Wortschatz stetig zu erweitern.

Die Tonlage

Nicht nur die Betonung, sondern auch die Tonlage spielen eine Rolle und können in einem bestimmten Maß beeinflusst werden. Allein beim Singen können Sie hören, dass Ihre Stimme fähig ist, verschiedene Tonlagen einzunehmen. Wenn man sauer wird oder fröhlich ist, verändert sich die Tonlage automatisch. Daher hören Sie sich auch in diesen Situationen einmal aufmerksam zu und versuchen Sie, Ihre Tonlage aus positiven und angenehmen Situationen zu reproduzieren.

Mit einer freundlichen, ruhigen und entspannten Tonlage werden Informationen mit einer höheren Wahrscheinlichkeit von Ihrem Gegenüber auch offen angenommen.

Tipps auf einen Blick:

- Sprechen Sie laut und deutlich, um sicher und selbstbewusst zu wirken.

- Sprechen Sie nicht zu laut, um nicht arrogant oder überheblich zu wirken.

- Sprechen Sie möglichst flüssig und versuchen Sie, „ähm" und Füllwörter zu vermeiden.

- Sprechen Sie nicht monoton.

- Heben Sie die Stimme am Ende eines Satzes nur bei tatsächlichen Fragen.

- Verwenden Sie Sprechpausen.

- Trainieren Sie Ihre Aussprache.

- Betonen Sie wichtige Informationen besonders deutlich.

- Heben Sie durch eine explizite Betonung wichtige Aussagen hervor.

- Entspannen Sie sich.

- Stehen Sie aufrecht.

- Verwenden Sie bildhafte Vergleiche.

Körper, Geist und Sprache lassen sich nicht getrennt voneinander betrachten. Alle drei Bereiche sind eng miteinander verbunden und beeinflussen sich gegenseitig. Ohne das richtige Mindset können Sie nicht souverän und selbstbewusst auftreten. Ohne eine überzeugende Körpersprache können Sie Ihre Anliegen nicht ausreichend deutlich machen und ohne die richtigen Worte bringt Sie auch eine offene und überzeugende Körpersprache nicht an Ihr Ziel.

Sie dürfen die einzelnen Bausteine daher nie getrennt voneinander betrachten. Einzelne Gesten können verschiedene Bedeutungen übermitteln. Erst, wenn diese mit dem gesprochenen Wort und möglichen weiteren Einflüssen kombiniert und berücksichtigt werden, kann ein Rückschluss gezogen werden. Ein umfassendes Verständnis für Ihr Gegenüber erlangen Sie daher erst aus der Kombination aller Kommunikationsbausteine. Betrachten Sie dafür auch stets den Kontext eines Gesprächs oder einer Situation. Bedenken Sie zusätzliche Einflussgrößen, von denen Sie möglicherweise nicht wissen können. Entscheiden Sie nicht zu vorschnell und bleiben Sie stets offen, Ihre gebildete Meinung neu zu überdenken.

Wenn Sie die Übungen und Tipps aus diesem Kapitel beherzigen und in Ihre Kommunikation integrieren, haben Sie die optimalen Voraussetzungen geschaffen, Ihr Kommunikationsziel zu erreichen. Dennoch stellt dies keine Garantie für Erfolg dar. Bislang haben wir uns auf Sie als Sender fokussiert. Dies ist der notwendige erste Schritt, aber noch lange nicht das Ende. Es reicht nicht, wenn Sie sich in einem Gespräch nur auf sich konzentrieren. Ebenso wichtig sind der Einbezug und die Interaktion mit Ihrem Gegenüber. Daher sind im Folgenden die vier Stadien einer erfolgreichen Gesprächsführung aufgelistet.

Die vier Stadien erfolgreicher Gesprächsführung

STADIUM 1: GESPRÄCHSEIN-STIEG

Den richtigen Gesprächseinstieg zu finden, stellt oft die größte Hürde dar. Dabei spielt es keine Rolle, ob sie zu unsicher sind, um ein Gespräch zu beginnen oder Ihnen einfach der richtige Einstieg fehlt. Den ersten Satz über die Lippen zu bekommen, fällt nie leicht. Doch eine erfolgreiche Gesprächsführung beginnt bereits viel früher. Wichtig ist eine gute Vorbereitung.

Natürlich kann man sich nicht auf jedes Gespräch vorbereiten. Ein unerwarteter Small Talk lässt sich nicht planen. Wenn Sie Small Talks allerdings als proaktive Übung für Ihre Kommunikationsstrategie nutzen wollen, können Sie diese durchaus im Voraus durchdenken. Haben Sie aber eine Präsentation oder ein wichtiges Gespräch vor sich, bei dem Sie bestimmte Informationen vermitteln wollen, ist eine ausgiebige Vorbereitung Gold wert. Stellen Sie sich hierfür im Voraus diese drei Fragen:

Mit wem sprechen Sie?

Diese Frage ist essenziell, denn wie wir gelernt haben, besitzen verschiedene Menschen unterschiedliche Gesprächstaktiken. Unterschiedliche Kommunikationstypen erfordern auch eine entsprechende Ansprache und Vermittlung der Informationen. Für einen Analytiker sollten Sie viele Fakten vorbereiten, für einen Kritiker Gegenargumente parat haben und für einen Abweiser einen passenden Gesprächseinstieg finden.

Daher sollten Sie herausfinden, was Sie über Ihren Zuhörer wissen und welche Informationen und Herangehensweise dieser benötigt. Durch diese Fragen kategorisieren Sie Ihr Gegenüber. Durch die Ermittlung seiner Kenntnisse, Motive, Wünsche, Fragen oder Werte können Sie sich ein erstes Bild erstellen, auf welches Sie während des Gesprächs eingehen können.

Welche Ziele verfolgen Sie?

Ebenso wichtig sind Ihre eigenen Ziele. Fragen Sie sich konkret, was Sie mit diesem Gespräch erreichen wollen. Was wollen Sie lernen oder herausfinden? Was wollen Sie bewirken? Indem Sie diese Zieldefinition aufstellen, wird es Ihnen im Gespräch leichter fallen, diese auch im Blick zu behalten und das Gespräch erst dann zu beenden, wenn Sie sie erreicht haben. Gibt es eventuell Kompromisse, die Sie eingehen können? Gibt es mehrere Ausgänge, mit denen Sie zufrieden wären? Was könnte im schlimmsten Fall passieren?

Haben Sie diese Fragen für sich selbst beantwortet, können Sie sich während des Gesprächs immer wieder vor Augen führen, was Sie bereits erreicht haben und was noch passieren muss. Sollte das Gespräch abdriften, können Sie es außerdem schnell wieder in Richtung Ihrer Ziele zurücklenken. Haben Sie sich diese Fragen nicht gestellt, wird Ihr Gesprächspartner es merken und Sie für unvorbereitet halten.

Wie müssen Sie vorgehen?

Besonders wichtig ist dabei, dass Sie sich über das Gesprächsthema ausreichend schlaumachen. Lesen Sie sich ein und sammeln Sie wichtige Daten und Fakten. Damit können Sie im Gespräch überzeugen und werden nicht kalt erwischt. Neben dem Thema selbst sollten Sie sich aber auch über mögliche Gesprächsverläufe Gedanken machen und wie Sie darauf reagieren können. Welche Gegenfragen könnten beispielsweise kommen und was antworten Sie darauf?

Dieses Vorgehen ermöglicht Ihnen Flexibilität im Gespräch und gibt Sicherheit und Selbstbewusstsein. Fragen Sie sich an dieser Stelle auch, ob es der richtige Zeitpunkt für das Gespräch ist. Nicht jedes Thema sollte zu jedem Zeitpunkt angesprochen werden. Ist es nicht der richtige Zeitpunkt, verschieben Sie das Gespräch besser.

Haben Sie diese Fragen geklärt, kann das Gespräch kommen. Denken Sie daran, dass der erste Eindruck zählt. Die Kommunikation beginnt bereits, wenn Sie den Raum betreten oder Ihrem Gesprächspartner gegenübertreten. Versuchen Sie von vornherein, Selbstbewusstsein auszustrahlen. Das können Sie gelassen tun, da Sie optimal vorbereitet sind. Stellen Sie direkt zu Beginn Blickkontakt her und lächeln Sie Ihr Gegenüber an, um mit einer positiven Stimmung zu starten. Fragen sind in vielen Fällen bestens für den Anfang geeignet. Sie geben dem Gesprächspartner direkt eine Möglichkeit, in das Gespräch einzusteigen und den weiteren Verlauf zu sichern.

Achten Sie darauf, Ihre Fragen möglichst offen zu stellen, sodass Ihr Gesprächspartner gezwungen ist, mehr als nur „ja" oder „nein" zu antworten. Fragen bieten außerdem den Vorteil, dass Sie auch ohne explizite Rückfrage selbst etwas zu dem Thema beitragen können, um das Gespräch weiterzuführen. Auch lustige Anmerkungen oder kleine Geschichten können die Stimmung auflockern und ein Gespräch einleiten. Gerade als Einstieg eignen sich auch scheinbar belanglose Themen. Das Wetter, die Situation oder die aktuellen Umstände ermöglichen einen unverfänglichen und unaufdringlichen Anfang.

STADIUM 2: WAHL DES GESPRÄCHSTHEMAS

Haben Sie den Gesprächseinstieg erfolgreich gemeistert, bleibt die Frage nach dem richtigen Gesprächsthema. Auch, wenn Sie ein festes Gesprächsthema aufgrund Ihrer Ziele gegeben haben, ist es sinnvoll, zwischendurch ein unverfänglicheres Thema anzuschneiden, um die Stimmung aufzulockern. Dadurch kommen Sie leichter an Ihr Ziel. Neben unverfänglichen Themen können auch persönliche Gesprächsthemen aufgegriffen werden. Dadurch erzeugen Sie eine persönlichere Beziehung zu Ihrem Gesprächspartner.

Bedenken Sie aber, dass die Themen nicht zu persönlich sein sollten. Der Tod, Politik oder Religion sind absolute No-Gos. Scheuen Sie gegebenenfalls auch keine Diskussionsthemen. Höfliche und sachliche Argumentationen können das Gespräch interessant machen und den Gesprächspartner fesseln. Oft stellt die Frage nach dem Beruf eine interessante Thematik dar. Sie öffnet außerdem auch Raum für weitere Fragen nach der Firma, der Branche oder aktuellen Trends. Der Beruf wird oft aber auch als unoriginelles Thema wahrgenommen. Überlegen Sie sich im Voraus gern auch interessante Fragen, die Ihren Gesprächspartner eventuell zum Nachdenken bringen. Die Frage nach inspirierenden Persönlichkeiten, Wünschen, Zielen oder eigenen Interessen können zu spannenderen Gesprächen führen.

Hier einige unverfängliche und interessante Gesprächsthemen für einen Small Talk:

- Kochen und Ernährung
- Hobbys
- Sportarten
- Urlaube und Reisen.

Verzichten Sie auf jeden Fall auf Klatsch und Tratsch. Über dritte Personen zu sprechen, die nicht anwesend sind, lässt Sie herablassend wirken. Außerdem wird sich Ihr Gegenüber immer fragen, ob Sie hinter seinem Rücken auch so über ihn sprechen. Insgesamt sollten Sie Ihre Gesprächswahl immer auf Ihr Gegenüber anpassen. Sie merken schnell, wenn Ihr Gegenüber zu einem Thema nichts sagen möchte oder kann. Bleiben Sie niemals krampfhaft bei einem Thema.

STADIUM 3: INTERAKTION MIT DEM GEGENÜBER

Haben Sie ein Gesprächsthema gefunden, besteht nun die Schwierigkeit, das Gespräch zu einem Erfolg werden zu lassen. Interagieren Sie mit Ihrem Gesprächspartner, um ihm das Gefühl von Respekt, Aufmerksamkeit und Verständnis zu geben. Dafür gibt es einige Tipps, die Sie anwenden können.

Tipp 1: Blickkontakt

Dass ein fester Blick wichtig ist, wurde bereits unter dem Punkt Körpersprache thematisiert. Lassen Sie Ihren Blick nicht im Raum wandern, sondern halten Sie Blickkontakt. Dadurch signalisieren Sie nicht nur Ihrem Gegenüber, dass Sie zuhören, sondern können sich auch selbst besser auf das Gesagte konzentrieren und es verstehen. Ab und zu sollten Sie den Blick aber auch abwenden, sodass Sie nicht ins Starren verfallen. Zum Beispiel, wenn Sie über einen Satz nachdenken.

Sollten Sie nicht wissen, wohin mit Ihrem Blick, können Sie in wichtigen Gesprächen auch einen kleinen Block für Notizen mitnehmen. Bei einem Small Talk ergibt das keinen Sinn, aber in einem wichtigen

Gespräch zeugt es ebenfalls von Interesse und gibt Ihnen einen zweiten Fixpunkt.

Tipp 2: Aktiv Zuhören

Versuchen Sie, nicht in ein Selbstgespräch zu verfallen. Ein Gespräch ist ein Dialog. Überlassen Sie immer wieder Ihrem Gegenüber das Wort. Durch aktives Zuhören signalisieren Sie Ihrem Gegenüber, dass Sie Interesse an ihm und dem, was es sagt, haben. Das bedeutet nicht, dass Sie das ganze Gespräch über schweigen müssen. Wichtig sind kleine Signale, die Neugier, Interesse und Verständnis vermitteln. Nicken Sie beispielsweise ab und an mit dem Kopf.

Nur durch aktives Zuhören können Sie selbst auch herausfinden, was Ihr Gesprächspartner von Ihnen erwartet oder Ihnen mitteilen möchte. Denn wie bereits beschrieben, reicht es nicht aus, auf halbem Ohr das Gesagte zu hören. Erst die aufmerksame Kombination aller Kommunikationsebenen ermöglicht Ihnen, Ihr Gegenüber zu verstehen. Durch aktives Zuhören lassen Sie Ihr Gegenüber außerdem selbst zu Wort kommen, wodurch dieser sich wahrgenommen und wertgeschätzt fühlt. Durch diese Strategie verstehen Sie Ihren Gesprächspartner besser und erst dann können Sie ebenfalls erwarten, dass er Sie versteht. Generell wird ein Mensch auch viel eher dazu neigen, Sie verstehen zu wollen, wenn Sie ihm denselben Respekt und dasselbe Verständnis entgegengebracht haben. Ein weiterer Vorteil, der aus aktivem Zuhören und Verstehen resultiert, ist das Sammeln von Argumenten.

Erst, wenn Sie Ihr Gegenüber vollständig verstehen und auch seine Gedankengänge und Beweggründe hinter dem Gesagten wahrnehmen, können Sie optimal auf ihn eingehen. Die richtigen Argumente und Einwände kommen dann oft ganz allein und Ihnen wird schnell klar werden, wie genau Sie diese vorzutragen haben, um Ihr Gegenüber zu erreichen. Seine Gedanken lassen sich dann mit Ihren verbinden, wodurch Ihre Argumentation umso stärker und wirkungsvoller wird.

Tipp 3: Paraphrasieren und Wiederholen

Verwenden Sie ähnliche Begrifflichkeiten wie Ihr Gesprächspartner, um ein Gefühl von Zusammengehörigkeit und Vertrauen zu kreieren. Ebenfalls hilfreich ist es, das Gesagte oder kurze Teile davon sinnvoll zu wiederholen. Nicht Wort für Wort, aber so, dass Sie signalisieren, dass Sie es verstanden haben. Beginnen Sie zum Beispiel mit „Habe ich das richtig verstanden, dass ...". Dieses Vorgehen ist nicht nur am

Gesprächsende sinnvoll, sondern hilft auch, während des Gesprächs kurze Zwischenstände zu ziehen. Dadurch lassen sich auch Missverständnisse minimieren. Geben Sie an passenden Stellen zusätzlich kurze Kommentare ab. Zum Beispiel, wenn Sie von dem Gesagten etwas spannend finden oder Sie bereits ähnliche Situationen erlebt haben.

Beginnen Sie dann allerdings nicht ausführlich und ausschweifend von Ihren Erlebnissen zu berichten und Ihren Gesprächspartner abzuwürgen, sondern warten Sie ab, ob dieser eine Rückfrage dazu stellt. Versuchen und benennen Sie auch Gemeinsamkeiten untereinander, an die Sie anknüpfen können, um das Gespräch weiterzuführen. Denken Sie auch daran, hin und wieder zu sagen, dass Sie den anderen verstehen. Das ist kein Eingeständnis. Es bedeutet nicht, dass Sie derselben Meinung sind. Aber Sie zeigen Ihrem Gesprächspartner Respekt und Verständnis. Sie können außerdem Aussagen von anderen bestätigen oder positiv umformulieren, um ihre eigene Meinung zu unterstützen.

Tipp 4: Perspektivenwechsel

Sollten Sie dennoch in eine Situation kommen, in der Sie wütend werden oder sich selbst unverstanden fühlen, lohnt es sich, einmal ganz unvoreingenommen die Perspektive zu wechseln. Überlegen Sie sich, wie das von Ihnen Gesagte bei Ihrem Gegenüber angekommen sein könnte. Vielleicht denken Sie, dass Sie ein konfliktreiches Thema sehr behutsam angesprochen haben. Ihr Gegenüber könnte das anders verstanden haben. Bedenken Sie außerdem äußere Umstände, die aktuell auf Ihren Gesprächspartner einwirken könnten. Sollte das nichts bringen, dann fragen Sie in einem ruhigen Ton nach. Ein Konfliktthema offen anzusprechen, zeugt von Stärke und stellt sich in den meisten Fällen als Missverständnis heraus. Sollten Sie sich missverstanden fühlen, hilft der Perspektivenwechsel auch dabei herauszufinden, ob Ihr Gesprächspartner Sie überhaupt verstehen konnte. Überprüfen Sie, ob Ihre Botschaft tatsächlich eindeutig war. Oft neigen wir dazu, Wünsche oder Erwartungen so auszusprechen, dass der andere möglichst selbst darauf kommt, zu verstehen, was wir wollen. Das ist oft aber gar nicht möglich.

Die meisten Probleme in einer Kommunikation basieren tatsächlich darauf, dass Gesagtes unterschiedlich verstanden wird. Daher versuchen Sie, Ihre Botschaft immer klar und deutlich zu formulieren. Außerdem sollten Sie Ihrem Gesprächspartner immer auf

Augenhöhe begegnen. Egal, was Sie tatsächlich von ihm halten oder welche Stellung er tatsächlich einnimmt. Verkaufen Sie sich nicht unter Wert, aber stellen Sie sich auch niemals über ihn. Sehen Sie ihn nicht als Feind oder Gegner an. Jeder hat sein Recht auf eine eigene Meinung, die es zu akzeptieren und zu respektieren gilt.

Tipp 5: Mit Vielrednern umgehen

Aktives Zuhören ist gut und wichtig, aber so, wie Sie keinen Monolog starten sollten, sollte das auch Ihr Gegen–über nicht tun. Dennoch gibt es Kommunikationstypen, die dazu neigen, in einen Monolog zu verfallen.

Um einen solchen Kommunikationstyp zu stoppen und selbst zu Wort zu kommen, gibt es Möglichkeiten. Sie haben zum Beispiel das Recht, Ihren Gesprächspartner in einem solchen Fall zu unterbrechen. Auch wenn Unterbrechen als unhöflich gilt, haben Sie in dieser Situation oft keine andere Möglichkeit. Außerdem ist in diesem Moment auch Ihr Gesprächspartner unhöflich. Machen Sie sich das bewusst. Wichtig sind jedoch die Art und Weise. Hier macht der Ton die Musik. Bleiben Sie höflich und sagen Sie zum Beispiel: „Bevor ich es vergesse ...", oder „einen Moment mal bitte ...", oder „genau dazu fällt mir gerade Folgendes ein ...".

Außerdem ist es an dieser Stelle auch erlaubt, ungefragt auf eigene Erlebnisse einzugehen, indem Sie sagen „Dasselbe habe ich auch erlebt, als ...". Wichtig ist, dass Sie Ihren Einwand möglichst selbstbewusst und mit ein wenig Schwung in das laufende Gespräch einwerfen. Ihr Gesprächspartner wird kurz überrascht sein und mit dem Reden aufhören. Das funktioniert allerdings nur mit ausreichend Nachdruck.

Tipp 6: Nicht unterbrechen lassen

Vorausgesetzt, Sie selbst sind kein Vielredner, sollten Sie darauf achten, sich nicht unterbrechen zu lassen. Dennoch gibt es Kommunikationstypen, die dazu neigen, andere zu unterbrechen. Das muss nicht einmal böse gemeint oder beabsichtigt sein. Oft merken diese Kommunikationstypen nicht, dass Sie einen anderen unterbrechen. Sie haben einfach einen interessanten Gedanken im Kopf, den sie unbedingt loswerden wollen.

Sollten Sie unterbrochen werden, bleiben Sie ruhig und bestimmt. Sagen Sie einfach „Lassen Sie mich meinen Gedanken noch kurz abschließen ...". Oftmals sind wir in einer solchen Situation überrumpelt, sodass wir nicht schnell genug reagieren können. Üben Sie daher auch diese Situation mit Freunden. Bedenken Sie aber, dass bereits nach 30 Sekunden die Aufmerksamkeit eines Zuhörers schwindet. Dann kommen eigene Gedanken oder Langweile dazwischen. Daher ist es wichtig, dass Sie sich möglichst kurzfassen und Ihre Botschaft auf den Punkt bringen. Spätestens nach 30 Sekunden sollten Sie Ihr Gegenüber wieder zu Wort kommen lassen. Werden Sie unterbrochen, denken Sie auch kurz darüber nach, ob das vielleicht passiert, weil Sie selbst zu lange gesprochen haben.

Tipp 7: Fragen stellen

Stellen Sie immer wieder kurze Rückfragen. Fragen Sie Ihr Gegenüber nicht aus. Klassische W-Fragen wie „Wann? Wo? Was?" reichen aus, um ein Gespräch am Laufen zu halten und Ihrem Gegenüber zu zeigen, dass Sie zuhören und Interesse haben.

Achten Sie aber darauf, dass Sie den anderen nicht zu sehr in eine Rechtfertigungsposition drängen. Ständige „Warum? Wieso?"-Fragen lassen leicht den Eindruck aufkommen, dass Sie Ihr Gegenüber herausfordern wollen. Geschlossene Fragen, auf die man nur mit „Ja" oder „Nein" antworten kann, gilt es, zu vermeiden. Dadurch gerät das Gespräch nur ins Stocken und es könnte eine peinliche Stille entstehen. Sie sollten Fragen aber nicht nur stellen, um das Gespräch am Laufen zu halten oder um Ihrem Gegenüber Wertschätzung und Interesse zu vermitteln. Vielmehr sollten Sie auch bei jeder noch so kleinen Unklarheit nachfragen. Etwas nicht verstanden zu haben, ist keine Schande, nicht nachzufragen hingegen schon. Dadurch kann es schnell zu Missverständnissen kommen. Vor allem im Berufsleben kann das verheerende Folgen haben. Wer Fragen stellt, ist nicht dumm oder unwissend, sondern interessiert und bemüht.

Tipp 8: Glaubwürdigkeit und Vertrauen übermitteln

Vertrauen und Glaubwürdigkeit stellen die Basisgrundlage eines jeden Gesprächs dar. Wenn mein Gegenüber mir nicht glaubt, ist es völlig egal, was ich ihm erzähle. Bleiben Sie daher immer ehrlich und authentisch. Auch, wenn Sie der Meinung sind, dass Sie nur unwichtige Informationen zurückhalten, kann es sein, dass Ihr Gegenüber das bemerkt und misstrauisch wird. Dieses Misstrauen kann sich dann auf den gesamten Gesprächsverlauf negativ auswirken.

Bleiben Sie daher auch in Konfliktsituationen oder bei unterschiedlicher Meinung stets höflich und respektvoll. Dann ist die Chance größer, dass Ihnen dieses Verhalten ebenfalls entgegengebracht wird. Außerdem sollten Sie Ihrem Gegenüber unabhängig von vergangenen Situationen oder Ihrer persönlichen Beziehung unvoreingenommen gegenübertreten. Machen Sie sich selbst ein Bild und lassen Sie sich gegebenenfalls auch umstimmen in Ihrer Meinung gegenüber einem anderen.

STADIUM 4: GESPRÄCHS-SCHLUSS

Egal, wie gut oder schlecht ein Gespräch verlaufen ist, sollte der Abschluss immer besonders berücksichtigt werden. Genauso wie der erste Eindruck wichtig ist, bleibt auch der letzte Eindruck besonders im Gedächtnis hängen.

Grundsätzlich sollte das Gespräch erst beendet werden, wenn eine Klärung gefunden werden konnte oder Sie alle Ihre Ziele oder Vorhaben erreicht haben. In manchen Fällen kann es aber beim ersten Gespräch auch nicht zu einer Einigung oder zu einem definitiven Erfolg kommen. An dieser Stelle ist es ebenfalls wichtig zu erkennen, wann es überhaupt noch Sinn ergibt, ein Gespräch weiterzuführen. Wird Ihr Gesprächspartner beispielsweise wütend und ausfällig, sollte das Gespräch beendet werden. Auch, wenn Sie sich nur noch im Kreis drehen, ergibt es keinen Sinn, weiter zu diskutieren. In solchen Situationen kann es oft hilfreich sein, Gespräche zu vertagen. Sinnvoll ist es dann, direkt einen Vorschlag für einen neuen Gesprächstermin zu vereinbaren. Beide Parteien haben dann Zeit, sich neu vorzubereiten. In alltäglichen Gesprächen ist es außerdem wichtig zu spüren, wann das Gegenüber keine Lust mehr auf ein weiteres Gespräch hat oder die Gesprächsthemen ausgehen. Dann ist es besser, das Gespräch zu beenden, anstatt krampfhaft nach neuen Themen zu suchen oder in peinlicher Stille zu verharren.

In jedem Fall sollten Sie Wert auf eine höfliche Verabschiedung legen. Bedanken Sie sich immer für ein Gespräch und heben Sie positive Aspekte und Erlebnisse hervor.

Selten kann auch die Situation eintreten, dass Sie ein Gespräch beenden wollen, Ihr Gegenüber dies aber nicht wahrnimmt. Machen Sie sich bewusst, dass Sie nicht verpflichtet sind, ein solches Gespräch weiterzuführen. Sie selbst bestimmen, wann und wie lange Sie für ein Gespräch bereit sind. Achten Sie dennoch darauf, ein Gespräch stets höflich zu verlassen. Hierfür gibt es verschiedene Möglichkeiten. Schieben Sie Zeitdruck, den Toilettengang oder eine andere Person in der Nähe vor. Bedanken Sie sich dennoch auch in diesem Fall für das Gespräch und verabschieden Sie sich.

10 Anfängerfehler und wie Sie sie vermeiden können

Trotz einer optimalen Vorbereitung und einem Bewusstsein der eigenen Stärken und Schwächen kann es zu Leichtsinnsfehlern und Problemen im Gespräch kommen. Dabei machen wir oft alle dieselben Fehler. Einige davon sind im Folgenden aufgelistet.

Fehler 1: Sie reden aneinander vorbei

In einem Gespräch kann es schnell passieren, dass aneinander vorbeigeredet wird. Dazu kommt es aufgrund von Missverständnissen und weil wir oft nur hören, was wir hören wollen. Außerdem erwarten wir oft, dass unser Gegenüber uns automatisch versteht. Nur, weil wir selbst wissen, was wir mit unserer Aussagen mitteilen wollen, heißt das aber noch lange nicht, dass unser Gegenüber das auch weiß. Wir schließen viel zu schnell von uns auf andere und vergessen dabei die unterschiedlichen Kommunikationstypen, Ebenen und Verarbeitungsprozesse. Bereits die falsche Betonung eines Satzes oder eine undurchdachte Geste können dazu führen, dass Informationen bei jemand anderem anders ankommen, als wir Sie gemeint haben.

Aus diesem Grund ist es wichtig, dass Sie sich klar und deutlich ausdrücken. Sagen Sie ganz genau, was Sie meinen und erwarten Sie nicht, dass Ihr Gegenüber es schon verstehen wird. Niemand kann Ihre Gedanken lesen. Oft hilft es auch, am Ende eines Gesprächs noch einmal zusammenzufassen. Dabei kann es auch helfen, das Gegenüber das Gesagt in seinen Worten formulieren zu lassen.

Fehler 2: Sie lassen sich ablenken

In den vorhergehenden Kapiteln ist es bereits deutlich geworden, dass Aufmerksamkeit ein wichtiger Schlüssel für eine gelungene Kommunikation darstellt. Blickkontakt, eine aufrechte Körperhaltung und Zuwendung zum Gesprächspartner signalisieren Interesse und Aufmerk–samkeit und führen gleichzeitig dazu, dass Sie sich auf Ihr Gegenüber konzentrieren.

Dennoch ist es vollkommen menschlich, sich ablenken zu lassen. Unsere Gedanken wandern ständig und nicht selten verlieren wir uns in einer wirren Gedankenkette, bis wir bei einem ganz anderen Thema sind und plötzlich merken, die letzten Minuten des Gesprächs verpasst zu haben.

Generell gibt es typische Störfaktoren, die sich bereits im Voraus minimieren lassen. Beispielsweise können Sie Ihr Handy abschalten. Dadurch kommen Sie nicht in Versuchung, darauf zu sehen oder sich von einem Vibrieren oder Blinken aus dem Konzept bringen zu lassen. Wenn Sie dennoch abgelenkt werden, versuchen Sie, Ihren Kopf zu „resetten". Lassen Sie das Abschweifen kurz zu und versuchen Sie, über Themenketten zurück zum Gespräch zu finden. Sie können auch durch bewusstes, innerliches Vorsprechen die Aufmerksamkeit wieder auf die Thematik zurücklenken. Achten Sie auch darauf, das Thema nicht auf Nebensächlichkeiten abschweifen zu lassen. Machen Sie sich Ihre Ziele bewusst und stellen Sie diese immer wieder in den Mittelpunkt.

Fehler 3: Sie wollen zwanghaft Recht behalten

Eine Konversation sollte niemals in einem Wettbewerb enden. Allein das Vorhaben zu gewinnen, rückt eine Konversation ins falsche Licht und setzt die falschen Anreize. Selbst, wenn es Ihr Ziel ist, eine bestimmte Sache zu erreichen oder einen bestimmten Standpunkt zu vertreten, sollten Sie immer offen bleiben, sich auch vom Gegenteil überzeugen zu lassen. Fehler einzugestehen oder seine eigene Meinung zu ändern, sehen viele als Schwäche an. Vielmehr zeugt es aber von Stärke. Empathie spielt hier ebenfalls eine wichtige Rolle. Überlegen Sie sich, welche Gründe es dafür gibt, dass Ihr Gegenüber anderer Meinung ist. Versuchen Sie, seinen individuellen Standpunkt zu verstehen. Sie müssen dabei nicht Zustimmen oder Ihre Meinung ändern. Allein das Verständnis kann Sie Ihrem Gesprächspartner näher bringen. Vertreten Sie Ihren Standpunkt stets sachlich.

Fehler 4: Sie lassen sich nicht unterbrechen

Lassen Sie sich niemals unterbrechen. Das ist eine Frage des Respekts. Natürlich unter der Voraussetzung, dass Sie kein Alleinunterhalter oder Besserwisser sind, der selbst einfach zu lange redet. Oft kommt es aber vor, dass Schüchternheit oder Unsicherheit ausgenutzt werden und man Ihnen das Wort abschneidet. Nehmen Sie das nicht einfach hin. Holen Sie sich das Wort zurück und weisen Sie Ihr Gegenüber darauf hin. Werden Sie dabei nicht beleidigend oder persönlich. Eine feste und durchsetzungsstarke Stimmlage ist hierbei besonders wichtig. Üben Sie das mit Freunden und in Gesprächen immer wieder, bis Sie sich sicher fühlen.

Fehler 5: Sie verletzen Distanzzonen

Jeder Mensch besitzt eine persönliche Distanzzone. Dabei handelt es sich um einen Abstand zu einer anderen Person, mit dem wir uns wohlfühlen. Verletzt unser Gegenüber diese Zone und tritt in sie ein, fühlen wir uns bedrängt und unwohl. Diese sind bei jedem Menschen ein wenig unterschiedlich ausgeprägt.

Grundsätzlich gilt aber ein Abstand von bis zu 1,20 Metern als persönliche Zone, in die Sie für gewöhnlich nicht eindringen sollten. Respektieren Sie die persönliche Zone Ihres Gegenübers. Kommen Sie Ihrem Gesprächspartner nicht zu nah, denn dann kann dieser sich nicht mehr auf das Gespräch konzentrieren. Ob Sie die Distanzzone eines anderen verletzen, merken Sie leicht an der Körperhaltung. Geht er einen Schritt zurück oder lehnt sich nach hinten, ist dies ein Zeichen dafür. Sollte jemand in Ihre Distanzzone eindringen, können Sie ihm ebenfalls über Ihre Körpersprache signalisieren, dass Sie damit nicht einverstanden sind. Sollte Ihr Gegenüber das nicht wahrnehmen, ist es völlig in Ordnung, ihn höflich darauf hinzuweisen.

Allgemein kommt es aber darauf an, ein passendes Mittelmaß zu finden, mit dem sich beide Beteiligten wohlfühlen. Denn auch zu viel Abstand kann unsicher oder ängstlich wirken. Für Körperkontakt gilt dasselbe. Eine Berührung am Arm ist für viele sympathisch und verbindungsschaffend. Für andere wiederum kann es grenzüberschreitend sein. Vor allem bei Personen, die Sie noch nicht so gut kennen, sollten Sie daher besser vorsichtig sein.

Fehler 6: Sie sind zu aufgeregt

Bei starker Aufregung kann das Gelernte schnell in Vergessenheit geraten. Machen Sie bewusste Pausen, um sich zu sammeln. Lassen Sie Gesten wirken und nehmen Sie sich die Zeit, sich zu sammeln und zu sortieren. Durch Pausen regulieren wir unsere Nervosität und bekommen unsere Stimmlage unter Kontrolle. Dadurch machen Sie es auch automatisch Ihren Zuhörern leichter zu folgen. Stehen Sie zu Ihrer Unsicherheit und geben Sie Ihr einen Namen. Wenn wir mit anderen offen über unsere Nervosität sprechen, fällt meist ein großer Teil davon ab. Außerdem merken wir dann auch oft, dass es dem Gegenüber vielleicht sogar ähnlich geht. Auch dadurch fühlen wir uns selbst sicherer. Achten Sie außerdem darauf, Gespräche in einer bekannten Umgebung zu führen.

Fehler 7: Sie fokussieren die falschen Personen

Häufig neigen wir dazu, in einem Gespräch oder einem Vortrag Personen zu fokussieren, die uns die stärkste Skepsis oder Missbilligung entgegenbringen. Bemerken wir ein solches Verhalten, sind wir schnell verunsichert und versuchen, insbesondere diese Personen zu überzeugen. Dabei haben diese Personen oft nur ihre Körper–sprache nicht im Griff und wir lassen uns völlig umsonst verunsichern.

Eine bessere Option ist es, sich bewusst eine Person zu suchen, die eine positive und beruhigende

Ausstrahlung auf Sie hat. Dadurch fühlen wir uns sicher und lassen uns nicht stressen. Das wiederum hat automatisch Auswirkung auf unser Auftreten, unsere Körpersprache und Selbstbewusstsein.

Fehler 8: Sie wissen nicht, was Sie mit Ihren Händen machen sollen

Die größte Frage bei einem Gespräch ist oft, was wir mit unseren Händen machen sollen. Dabei gibt es so viele Möglichkeiten, unsere Arme für uns arbeiten zu lassen. Definitiv sollten Sie mit Ihren Armen und Händen nicht zu viel wedeln oder gestikulieren. Sie sollten auch nicht die ganze Zeit mit einem Gegenstand spielen. Das macht Ihr Gegenüber und Sie selbst nur nervös. Auch sollten Sie keine verschlossene Körperhaltung mit Ihren Armen einnehmen.

Jedoch können Sie gern einen Gegenstand zur Unterstützung in die Hand nehmen. An diesem können Sie sich quasi festhalten. Dafür ist zum Beispiel ein Kugelschreiber geeignet. Drücken Sie aber nicht die Miene ständig hoch und runter. Außerdem können Sie Karteikarten oder ein Glas Wasser in den Händen halten. Sie können Ihre Arme aber auch einfach locker hängen lassen. Das fühlt sich zwar zu Beginn oft komisch an, sieht aber keineswegs so aus. Am

sinnvollsten ist es aber, Ihre Arme mit Gesten zur Un-
termalung Ihrer Worte einzusetzen. Auch das können
Sie in Gesprächen einfach üben und sich Feedback einholen.

**Fehler 9: Sie bereiten eine Antwort vor, während
Ihr Gegenüber spricht.**

Dies ist ein beliebter Fehler, der ein großes Problem mit
sich bringt. Während der Gesprächspartner spricht,
eine Antwort zurechtzulegen, führt dazu, dass wir
seine Worte nicht vollständig oder gar nicht wahrnehmen können. Dadurch können Sie gar nicht erst auf
das Gesagte eingehen und die parat gelegte Antwort
ist womöglich nutzlos. Auch dadurch entstehen dann
schnell Missverständnisse und man redet aneinander
vorbei. Daher hören Sie Ihrem Gegenüber immer aufmerksam zu.

Wenn Sie nicht direkt eine Antwort parat haben,
ist das nicht schlimm. Sie können sich die Zeit nehmen,
wenn Sie ganz einfach sagen „Darüber muss ich kurz
nachdenken ...". Dadurch zeigen Sie, dass Sie zugehört
haben und sich mit dem Thema und dem Gesagten
ernsthaft beschäftigen wollen.

Fehler 10: Sie verstellen sich

Der größte Fehler ist es aber, wenn Sie sich verstellen. Dieser gesamte Ratgeber war voll mit Tipps, wie Sie Ihre Kommunikationsfähigkeiten anpassen und verbessern können. Wenn Sie sich aber nur verstellen, bringt Ihnen das genau das Gegenteil. Wenden Sie daher nur Dinge an, mit denen Sie sich wohlfühlen. Zu Beginn wird sich alles ungewohnt anfühlen. Wenn Sie aber nach mehreren Gesprächen und Übungen immer noch ein ungutes Gefühl haben, dann wenden Sie lieber andere Techniken an. Oft können Sie auch verstellt wirken, wenn Sie sich zu viele Gedanken machen. Eine Situation und ein Gespräch zu sehr zu durchdenken, ergibt keinen Sinn. Haben Sie Vertrauen in sich selbst und Ihre Fortschritte.

Langfristiger Erfolg

Um die Tipps aus diesem Ratgeber zu verinnerlichen, müssen Sie regelmäßig üben. Machen Sie tägliche Gespräche zur Gewohnheit. Versuchen Sie, es nicht als Pflicht anzusehen, sondern Spaß daran zu finden. Ein kurzes Gespräch mit der Kassiererin im Supermarkt, dem Arbeitskollegen oder dem Kellner reicht aus, um Fortschritte zu machen. Nutzen Sie jede Gelegenheit, denn oft fallen uns Dinge nur schwer, weil wir Sie selten machen.

Setzen Sie sich außerdem konkrete Ziele. Nehmen Sie sich beispielsweise eine Anzahl an Menschen vor, mit denen Sie täglich sprechen oder machen Sie sich eine To-do-Liste mit Dingen, die Sie bisher vermieden oder gescheut haben. Sie können sich aber auch Vorbilder suchen. Freunde, Schauspieler oder Musiker, deren Körpersprache Sie überzeugt oder von denen Sie sich in den Bann gezogen fühlen. Versuchen Sie zu analysieren, welche Unterschiede es zwischen diesen Menschen und Ihnen gibt. Sobald Ihnen die Unterschiede bewusst sind, können Sie versuchen, deren Körpersprache zu imitieren und so ein Gefühl für verschiedene Gesten zu bekommen. Der Erfolg liegt hier in der Regelmäßigkeit. Wenn Sie bestimmte Gesten, Verhaltensmuster oder Gesprächsverläufe regelmäßig üben, gewöhnen Sie sich automatisch daran.

Wichtig ist aber auch, dass Sie nicht von vornherein versuchen, alles auf einmal umzusetzen. Nehmen Sie sich bestimmte Punkte und Tipps heraus, mit denen Sie sich wohlfühlen. Üben Sie diese, bis Sie sie verinnerlicht haben. Dann können Sie weitere Aspekte hinzunehmen. Mit ein wenig regelmäßiger Übung kommt der langfristige Erfolg ganz von allein.

Herstellung und Verlag:

BoD – Books on Demand, Norderstedt

ISBN: 9783753495545

1. Auflage

Kontakt: Psiana eCom UG/ Berumer Str. 44/ 26844 Jemgum

Covergestaltung: Fenna Larsson

Coverfoto: depositphotos.com